Réimpression
des œuvres posthumes —
(6e vol. de l'édition
d'amsterdam 1684)
fig. différentes

LES AMANS MAGNIFIQUES.

LES AMANS MAGNIFIQUES

COMEDIE

MESLE'E DE MUSIQUE,

& d'Entrées de Balet.

PAR

J.B.P. DE MOLIERE.

A AMSTERDAM,

Chez GUILLAUME LE JEUNE,

M. DC. LXXXIX.

PERSONNAGES

de la Comedie.

ARISTIONE PRINCESSE, Mere d'Eriphile.
ERIPHILE, Fille de la Princesse.
CLEONICE, Confidente d'Eriphile.
CHOREBE, de la suite de la Princesse.
IPHICRATE,
TIMOCLES, } Amans magnifiques.
SOSTRATE, General d'Armée, Amant d'E-
riphile.
CLITIDAS, Plaisant de Cour, de la suite
d'Eriphile.
ANAXARQUE, Astrologue.
CLEON, Fils d'Anaxarque.
UNE FAUSSE VENUS, d'intelligence avec
Anaxarque.

La Scene est en Thessalie, dans la delicieuse
Vallée de Tempé.

AVANT-

AVANT-PROPOS.

LE ROY qui ne veut que des choses extraordinaires dans tout ce qu'il entreprend, s'est proposé de donner à sa Cour un Divertissement qui fût composé de tous ceux que le Theatre peut fournir ; & pour embrasser cette vaste Idée, & enchaîner ensemble tant de choses diverses, SA MAJESTE' a choisi pour sujet deux Princes Rivaux, qui dans le champestre sejour de la Vallée de Tempé, où l'on doit celebrer la Feste de Jeux Pythiens, regalent à l'envy une jeune Princesse & sa Mere, de toutes les galanteries dont ils se peuvent aviser.

PREMIER INTERMEDE.

LE Theatre s'ouvre à l'agreable bruit de quantité d'Instrumens, & d'abord il offre aux yeux une vaste Mer, bordée de chaque costé de quatre grands Rochers, dont le sommet porte chacun un Fleuve, accoudé sur les marques de ces sortes de Deïtez. Au pied de ces Rochers sont douze Tritons de chaque costé, & dans le milieu de la Mer quatre Amours

E 2

mon-

4

montez ſur des Dauphins , & derriere eux le Dieu
Æole élevé au deſſus des Ondes ſur un petit nüage.
Æole commande aux Vents de ſe retirer , & tandis
que quatre Amours, douze Tritons , & huit Fleuves luy repondent , la Mer ſe calme , & du milieu
des Ondes on voit s'élever une Iſle. Huit Peſcheurs
ſortent du fond de la Mer avec des nacres de Perles,
& des branches de Corail , & aprés une Dance
agreable vont ſe placer chacun ſur un rocher au
deſſous d'un Fleuve. Le Chœur de la Muſique annonce la venüe de Neptune , & tandis que ce Dieu
dance avec ſa ſuite, les Peſcheurs, les Tritons,
& les Fleuves accompagnent ſes pas de geſtes diffe-
rents , & de bruit de conques de Perles. Tout ce
Spectacle eſt une Magnifique Galanterie , dont l'un
des Princes regale ſur la Mer la promenade des
Princeſſes.

PREMIERE ENTRE'E DE BALLET.

NEPTVNE, & ſix Dieux Marins.

DEUXIE'ME ENTRE'E DE BALLET

Huit Peſcheurs de Corail.

Vers chantés.

RECIT D'ÆOLE.

V Ents, qui troublez les plus beaux jours,
Rentrez dans vos grotes profondes ;
Et laiſſez regner ſur les ondes
Les Zephirs & les Amours.

Un Triton.

Quels beaux yeux ont percé nos demeures humides ?
Venez, venez Tritons, cachez-vous Nereides.

Tous les Tritons.

Allons tous au devant de ces Divinitez,
Et rendeus par nos chants hommage à leurs beautez

Un Amour.

Ah que ces Princeſſes ſont belles ?

Un

Un Autre Amour.
Quels font les cœurs qui ne s'y rendroient pas ?
Un Autre Amour.
La plus belle des immortelles,
Nôtre Mere, à bien moins d'appas.
Chœur.
Allons tous au devant de ces Divinitez,
Et rendons par nos chants hommage à leurs beautez.
Un Triton.
Quel noble fpectacle s'avance !
Neptune le grand Dieu, Neptune avec fa Cour
Vient honorer ce beau jour
De fon Augufte prefence.
Chœur.
Redoublons nos Concerts,
Et faifons retentir dans le vague des Airs
Nôtre rejouiffance.

POUR LE ROY, reprefentant
NEPTUNE.

LE Ciel entre les Dieux les plus confiderez
Me donne pour partage un rang confiderable,
Et me faifant regner fur les flots azurez,
Rend à tout l'Univers mon pouvoir redoutable.

Il n'eft aucune terre à me bien regarder
Qui ne doive trembler que je ne m'y répande ;
Point d'Etats qu'à l'inftant je ne puffe inonder
Des flots impetueux que mon pouvoir commande.

Rien n'en peut arrefter le fier debordement,
Et d'une triple digue à leur force oppofée
On les verroit forcer le ferme empefchement
Et fe faire en tous lieux une ouverture aifée.

Mais je fçay retenir la fureur de ces flots
Par la fage équité du pouvoir que j'exerce,
Et laiffer en tous lieux au gré des Matelots
La douce liberté d'un paifible commerce.

On trouve des Ecueils par fois dans mes Etats,
On voit quelques Vaiffeaux y perir par l'orage :

E 3

Mais

Mais contre ma puissance on n'en murmure pas,
Et chez moy la Vertu ne fait jamais naufrage.

Pour Monsieur le Grand, representant un Dieu Marin.

L'Empire où nous vivons, est fertile en trésors,
Tous les mortels en foule accourent sur ses bords,
Et pour faire bien-tost une haute fortune,
Il ne faut rien qu'avoir la faveur de Neptune.

Pour le Marquis de Villeroy, representant un Dieu Marin.

Sur la foy de ce Dieu de l'Empire flottant
On peut bien s'embarquer avec toute assurance;
Les flots ont de l'inconstance;
Mais le Neptune est constant.

Pour le Marquis de Rassent, representant un Dieu Marin.

Voguez sur cette Mer d'un zele inebranlable,
C'est le moyen d'avoir Neptune favorable.

LES

LES AMANS
MAGNIFIQUES,
COMEDIE.

ACTE PREMIER.
SCENE PREMIERE.

SOSTRATE, CLITIDAS.

CLITIDAS.

L eſt attaché à ſes penſées?

SOSTRATE.

Non, Soſtrate, je ne voy rien où tu puiſſes avoir recours, & tes maux ſont d'une nature à ne te laiſſer nulle eſperance d'en ſortir.

CLITIDAS.

Il raiſonne tout ſeul.

SOSTRATE.

Helas!

CLITIDAS.

Voilà des ſoûpirs qui veulent dire quelque choſe, & ma conjecture ſe trouvera veritable.

SOSTRATE.

Sur quelles chimeres, dy-moy, pourrois tu
bâtir quelque espoir, & que peux-tu envisager
que l'affreuse longueur d'une vie mal-heureuse,
& des ennuis à ne finir que par la mort.

CLITIDAS.

Cette teste-là est plus embarassée que la mienne.

SOSTRATE.

Ah ! mon cœur , ah ! mon cœur, où m'a-
vez-vous jetté ?

CLITIDAS.

Serviteur, Seigneur Sostrate.

SOSTRATE.

Où vas tu, Clitidas ?

CLITIDAS.

Mais vous plûtôt que faites-vous icy, & quelle secrete mélancholie, quelle humeur sombre,
s'il vous plaist, vous peut retenir dans ces Bois,
tandis que tout le monde a couru en foule à la
magnificence de la Feste , dont l'amour du Prince Iphicrate vient de regaler sur la Mer la promenade des Princesses; tandis qu'elles y ont re-
çû des Cadeaux merveilleux de Musique, & de
dance, & qu'on a vû les Rochers & les Ondes
se parer de Divinitez pour faire honneur à leurs
attraits ?

SOSTRATE.

Je me figure assez sans la voir cette magnificence, & tant de gens d'ordinaire s'empressent
à porter de la confusion dans ces sortes de Festes, que j'ay crû a propos de ne pas augmenter
le nombre des importuns.

CLITIDAS.

Vous sçavez que vôtre presence ne gaste jamais rien , & que vous n'estes point de trop en
quelque lieu que vous soyez. Vôtre visage est
bien venu par tout, & il n'a garde d'être de ces
visages disgraciés, qui ne sont jamais bien receus
des

des regards Souverains. Vous estes également bien auprés des deux Princesses ; & la Mere, & la Fille vous font assez connoistre l'estime qu'elles font de vous pour n'apprehender pas de fatiguer leurs yeux ; & ce n'est pas cette crainte, enfin, qui vous a retenu.

S O S T R A T E.

J'avouë que je n'ay pas naturellement grande curiosité pour ces sortes de choses.

C L I T I D A S.

Mon Dieu ! quand on n'auroit nulle curiosité pour les choses, on en a toûjours pour aller où l'on trouve tout le monde, & quoy que vous puissiez dire, on ne demeure point tout seul pendant une Feste à rêver parmy des Arbres comme vous faites, à moins d'avoir en teste quelque chose qui embarasse.

S O S T R A T E.

Que voudrois tu que j'y pusse avoir ?

C L I T I D A S.

Oüais, je ne sçay d'où cela vient, mais il sent icy l'amour ; ce n'est pas moy. Ah ! par ma foy c'est vous.

S O S T R A T E.

Que tu es fou, Clitidas.

C L I T I D A S.

Je ne suis point fou, vous estes amoureux, j'ay le nez délicat, & j'ay senty cela d'abord.

S O S T R A T E.

Sur quoy prens tu cette pensée.

C L I T I D A S.

Surquoy ? vous seriez bien étonné si je vous disois encore de qui vous estes amoureux.

S O S T R A T E.

Moy ?

C L I T I D A S.

Oüy, je gage que je vais deviner tout à l'heure celle que vous aymez. J'ay mes secrets aussi bien que nôtre Astrologue, dont la Princesse Aristione est entestée; & s'il a la science de lire dans les Astres la fortune des hommes, j'ay celle de lire dans les yeux le nom des personnes qu'on ayme. Tenez-vous un peu, & ouvrez les yeux. E, par soy, e, r, i, eri, p, h, i, eriphi, l, e, le, eriphile. Vous estes amoureux de la Princesse Eriphile.

SOSTRATE.

Ah ? Clitidas, j'avoüe que je ne puis chacher mon trouble, & tu me frapes d'un coup de foudre.

CLITIDAS.

Vous voyez si je suis sçavant ?

SOSTRATE.

Helas ! si par quelque avanture tu as pû decouvrir le secret de mon cœur, je te conjure au moins de ne le reveler à qui que ce soit, & sur tout de le tenir caché à la belle Princesse, dont tu viens de dire le nom.

CLITIDAS.

Et serieusement parlant, si dans vos actions j'ay bien pû connoistre depuis un temps la passion que vous voulez tenir secrete, pensez-vous que la Princesse Eriphile puisse avoir manqué de lumiere pour s'en appercevoir ? Les belles, croyez-moy, sont toûjours les plus clair-voyantes à decouvrir les ardeurs qu'elles causent, & le langage des yeux & soûpirs se fait entendre mieux qu'à tout autre à celles à qui il s'adresse.

SOSTRATE.

Laissons-la, Clitidas, laissons la voir si elle peut dans mes soûpirs & mes regards l'amour que ses charmes m'inspirent, mais gardons bien que par nulle autre voye elle en apprenne jamais rien.

CLITIDAS.

Et qu'apprehendez-vous ? est-il possible que ce mesme Sostrate qui n'a pas craint, ny Brennus, ny tous les Gaulois; & dont le bras a si glo-
rieu-

sement contribué à nous défaire de ce déluge de Barbares qui ravageoit la Grece? Est-il possible dis-je, qu'un homme si assuré dans la guerre soit si timide en amour, & que je le voye trembler à dire seulement qu'il ayme?

SOSTRATE.

Ah! Clitidas, je tremble avec raison, & tous les Gaulois du monde ensemble sont bien moins redoutables, que deux beaux yeux pleins de charmes.

CLITIDAS.

Je ne suis pas de cet avis, & je sçay bien pour moy qu'un seul Gaulois l'épée à la main, me feroit beaucoup plus trembler que cinquante beaux yeux ensemble les plus charmans du monde Mais dites-moy un peu qu'esperez vous faire?

SOSTRATE.

Mourir sans déclarer ma passion.

CLITIDAS.

L'esperance est belle. Allez, allez, vous vous mocquez, un peu de hardiesse reüssit toûjours aux Amans; il n'y a en amour que les honteux qui perdent, & je dirois ma passion à une Déesse, moy, si j'en devenois amoureux.

SOSTRATE.

Trop de choses, helas! condamnent mes feux à un eternel silence?

CLITIDAS.

Hé, quoy?

SOSTRATE.

La bassesse de ma fortune, dont il plaist au Ciel de rabatre l'ambition de mon amour, le rang de la Princesse qui met entre elle & mes desirs une distance si facheuse, la concurrence de deux Princes appuyez de tous les grands titres qui peuvent soûtenir les pretentions de leurs flâmes ; de deux Princes, qui par mille & mille magnificences se disputent à tous momens la gloire de sa conqueste, & sur l'amour de qui on attend tous les jours de voir son choix se declarer ; mais plus que tout, Clitidas, le respect inviolable où ses beaux yeux assujettissent toute la violence de mon ardeur.

C L I T I D A S.

Le respect bien souvent n'oblige pas tant que l'amour, & je me trompe fort, ou la jeune Princesse a connu vostre flâme, & n'y est pas insensible.

S O S T R A T E.

Ah ! ne t'avises point de vouloir flater par pitié le cœur d'un miserable.

C L I T I D A S.

Ma conjecture est fondée, je luy voy reculer beaucoup le choix de son époux, & je veux éclaircir un peu cette petite affaire-là. Vous sçavez que je suis auprés d'elle en quelque espece de faveur ; que j'y ay les accés ouverts, & qu'a force de me tourmenter je me suis acquis le privilege de me mesler à la conversation, & parler à tort & à travers de toutes choses. Quelquefois cela ne me reüssit pas, mais quelquefois aussi cela me reüssit. Laissez-moy faire, je suis de vos amis, les gens de merite me touchent, & je veux prendre mon temps pour entretenir la Princesse de. …

S O S T R A T E.

Ah ! de grace quelque bonté que mon malheur t'inspire, garde toy bien de luy rien dire de ma flâme. J'aimerois mieux mourir que de pouvoir estre accusé par elle de la moindre temerité, & ce profond respect où ses charmes divins…..

C L I T I D A S.

Taisons-nous, voicy tout le monde.

S C E.

SCENE II.

ARISTIONE, IPHICRATE, TIMOCLES, ANAXARQUE, CLEON.

ARISTIONE.

PRince, je ne puis me laſſer de le dire, il n'eſt point de ſpectacle au monde qui puiſſe le diſ-puter en magnificence à celuy que vous venez de nous donner Cette Feſte a eû des ornemens qui l'emportent ſans doute ſur tout ce que l'on ſçau-roit voir, & elle vient de produire à nos yeux quelque choſe de ſi noble, de ſi grand, & de ſi majeſtueux, que le Ciel meſme ne ſçauroit aller au delà, & je puis dire aſſurément qu'il n'y a rien dans l'Univers qui s'y puiſſe égaler.

TIMOCLES.

Ce ſont des ornemens dont on ne peut pas eſperer que toutes les Feſtes ſoient embellies, & je dois fort trembler, Madame, pour la ſimpli-cité du petit divertiſſement que je m'appreſte à vous donner dans le Bois de Diane.

ARISTIONE.

Je croy que vous n'y verrous rien que de fort agreable, & certes il faut avoüer que la campag-ne a lieu de nous paroiſtre belle, & que nous n'avons pas le temps de nous ennuyer dans cet agreable ſejour qu'ont celebré tous les Poëtes ſous le nom de Tempé Car enfin, ſans parler des plaiſirs de la Chaſſe que nous y prenons à tou-te heure, & de la ſolemnité des jeux Pythiens que l'on y celebre tantôt, vous prenez ſoin l'un & l'autre de nous y combler de tous les divertiſſe-mens qui peuvent charmer les chagrins les plus mélancholiques. D'où vient, Soſtrate, qu'on ne vous a point vû dans noſtre promenade ?

E 7

S o-

SOSTRATE.

Une petite indisposition, Madame, m'a em-
pesché de m'y trouver.

IPHICRATE.

Sostrate est de ces gens, Madame, qui croient
qu'il ne sied pas bien d'estre curieux comme les
autres, & il est beau d'affecter de ne pas courir
où tout le monde court ?

SOSTRATE.

Seigneur, l'affectation n'a gueres de part à tout
ce que je fais, & sans vous faire compliment, il
y avoit des choses à voir dans cette Feste, qui
pouvoient m'attirer, si quelque autre motif ne
m'avoit retenu.

ARISTIONE.

Et Clitidas a-t il vû cela ?

CLITIDAS.

Oüy, Madame, mais du Rivage.

ARISTIONE.

Et pourquoy du Rivage ?

CLITIDAS.

Ma foy, Madame, j'ay craint quelqu'un des
accidens qui arrivent d'ordinaire dans ces confu-
sions. Cette nuit j'ay songé de poisson mort, &
d'œufs cassez, & j'ay appris du Seigneur Anaxarque, que les œufs cassez & le poisson mort sig-
nifient mal-encontre.

ANAXARQUE.

Je remarque une chose, que Clitidas n'auroit
rien à dire s'il ne parloit de moy.

CLITIDAS.

C'est qu'il y a tant de choses à dire de vous,
qu'on n'en sçauroit parler assez.

ANAXARQUE.

Vous pourriez prendre d'autres matieres, puisque je vous en ay prié.

CLI-

C L I T I D A S.

Le moyen ; ne dites-vous pas que l'ascendant
est plus fort que tout ; & s'il est écrit dans les A-
stres, que je sois enclin à parler de vous, comment voulez vous que je resiste à ma destinée ?

A N A X A R Q U E.

Avec tout le respect, Madame, que je vous
dois ; il y a une chose qui est fâcheuse dans vôtre Cour, que tout le monde y prenne liberté de
parler, & que le plus honneste-homme y soit ex-
posé aux railleries du premier méchant plaisant.

C L I T I D A S.

Je vous rends grace de l'honneur.

A R I S T I O N E.

Que vous estez fou, de vous chagriner de ce
qu'il dit.

C L I T I D A S.

Avec tout le respect que je dois à Madame, il
y a une chose qui m'étonne dans l'Astrologie,
comment des gens qui sçavent tous les secrets
des Dieux, & qui possedent des connoissances à
se mettre au dessus de tous les hommes, ayent
besoin de faire leur Cour, & de demander
quelque chose.

A N A X A R Q U E.

Vous devriez gagner un peu mieux vôtre argent,
& donner à Madame de mellieures plaisanteries.

C L I T I D A S.

Ma foy, on les donne telles qu'on peut. Vous
en parlez fort à vôtre ayse, & le mestier de plaisant n'est pas comme celuy d'Astrologue. Bien
mentir, & bien plaisanter sont deux choses fort
differentes, & il est bien plus facile de tromper les gens, que de les faire rire.

A R I S T I O N E.

Eh, qu'est-ce donc que cela veut dire ?

C L I-

CLITIDAS *se parlant à luy-mesme.*

Paix, impertinent que vous estes. Ne sçavez-vous pas bien que l'Astrologie est une affaire d'Estat, & qu'il ne faut point toucher à cette corde là. Je vous l'ay dit plusieurs fois, vous vous émancipéz trop, & vous prenez de certaines libertez qui vous jouëront un mauvais tour; je vous en avertis. Vous verrez qu'un de ces jours on vous donnera du pied au cul, & qu'on vous chassera comme un faquin, taisez-vous si vous estes sage.

ARISTIONE.

Où est ma Fille?

TIMOCLES.

Madame, elle s'est écartée, & je luy ay presenté une main qu'elle a refusé d'accepter.

ARISTIONE.

Princes, puisque l'amour que vous avez pour Eriphile, a bien voulu se soûmettre aux loix que j'ay voulu vous imposer, puisque j'ay sçû obtenir que vous fussiez Rivaux sans devenir ennemis, & qu'avec pleine soûmission aux sentimens de ma Fille, vous attendez un choix dont je l'ay faite seule maistresse, ouvrez moy tous deux le fond de vôtre ame, & me dites sincerement quel progrez vous croyez l'un & l'autre avoir fait sur son cœur.

TIMOCLES.

Madame, je ne suis point pour me flater, j'ay fait ce que j'ay pû pour toucher le cœur de la Princesse Eriphile, & je m'y suis pris que je croy de toutes les tendres manieres dont un Amant se peut servir. Je luy ay fait des hommages soûmis de tous mes vœux; j'ay montré des assiduitez; j'ay rendu des soins chaque jour; j'ay fait chanter ma passion aux voix les plus touchantes, & l'ay fait exprimer en Vers aux plumes les plus délicates: je me suis plaint de mon martyre en des termes passionnez;

j'ay

j'ay fait dire à mes yeux auſſi bien qu'à ma bouche
le deſeſpoir de mon amour ; j'ay pouſſé à ſes pieds
des ſoûpirs languiſſants ; j'ay meſme répandu des
larmes, mais tout cela inutilement, & je n'ay
point connu qu'elle ait dans l'ame aucun reſſenti-
ment de mon ardeur.

A R I S T I O N E.

Et vous Prince?

I P H I C R A T E.

Pour moy, Madame, connoiſſant ſon indifference, & le peu de cas qu'elle fait des devoirs qu'on
luy rend, je n'ay voulu perdre auprés d'elle, ny
plaintes, ny ſoûpirs, ny larmes. Je ſçay qu'elle eſt
toute ſoûmiſe à vos volontez, & que ce n'eſt que
de vôtre main ſeule qu'elle voudra prendre un é-
poux. Auſſi n'eſt ce qu'à vous que je m'adreſſe pour
l'obtenir, à vous plûtôt qu'à elle que je rends tous
mes ſoins & tous mes hommages. Et plut au Ciel,
Madame, que vous euſſiez pû vous reſoudre à tenir ſa place ; que vous euſſiez voulu joüir des con-
queſtes que vous luy faites, & recevoir pour vous
les vœux que vous luy renvoyez.

A R I S T I O N E.

Prince, le compliment eſt d'un Amant adroit,
& vous avez entendu dire qu'il faloit cajoler les
meres pour obtenir les filles ; mais icy par malheur tout cela devient inutile, & je me ſuis engagée à laiſſer le choix tout entier à l'inclination
de ma fille.

I P H I C R A T E.

Quelque pouvoir que vous luy donniez pour
ce choix, ce n'eſt point compliment Madame,
que ce que je vous dy. Je ne recherche la Princeſſe Eriphile, que parce qu'elle eſt vôtre ſang ;
je la trouve charmante par tout ce qu'elle tient de
vous, & c'eſt vous que j'adore en elle.

A R I-

ARISTIONE.

Voilà qui est fort bien.

IPHICRATE.

Oüy, Madame, toute la terre voit en vous des attraits & des charmes que je....

ARISTIONE.

De grace, Prince, oſtons ces charmes & ces attraits, vous ſçavez que ce ſont des mots que je retranche des complimens qu'on me veut faire. je ſouffre qu'on me loüe de ma ſincérité, qu'on diſe que je ſuis une bonne Princeſſe, que j'ay de la parole pour tout le monde, de la chaleur pour mes amis, & de l'eſtime pour le merite & la vertu; je puis taſter de tout cela; mais pour les douceurs de charmes & d'attraits je ſuis bien ayſe qu'on ne m'en ſerve point, & quelque verité qui s'y puſt rencontrer, on doit faire quelque ſcrupule d'en goûter la loüange, quand on eſt mere d'une fille comme la mienne.

IPHICRATE.

Ah! Madame, c'eſt vous qui voulez eſtre mere malgré tout le monde, il n'eſt point d'yeux qui ne s'y oppoſent, & ſi vous le vouliez la Princeſſe Eriphile ne ſeroit que vôtre ſœur.

ARISTIONE.

Mon Dieu, Prince, je ne donne point dans tous ces galimatias où donnent la pluſpart des Femmes; je veux eſtre mere, parce que je la ſuis, & ce ſeroit en vain que je ne la voudrois pas eſtre. Ce titre n'a rien qui me chocque, puiſque de mon conſentement je me ſuis expoſée à le recevoir, c'eſt un foible de nôtre ſexe, dont grace au Ciel je ſuis exempte, & je ne m'embaraſſe point de ces grandes diſputes d'âge ſurquoy nous voyons tant de folles. Revenons à notre diſcours. Eſt-il poſſible que juſqu'icy vous n'ayez pû connoiſtre où panche l'inclination d'Eriphile?

IPHI-

IPHICRATE.

Ce sont obscuritez pour moy.

TIMOCLES.

C'est pour moy un mystere impenetrable.

ARISTIONE.

La pudeur peut-estre l'empesche de s'expliquer
à vous & à moy, servons-nous de quelque autre
pour découvrir le secret de son cœur. Sostrate,
prenez de ma part cette commission, & rendez
cet office à ces Princes, de sçavoir adroitement
de ma Fille vers qui des deux ses sentimens peuvent tourner.

SOSTRATE.

Madame, vous avez cent personnes dans vôtre Cour, sur qui vous pourriez mieux verser
l'honneur d'un tel employ, & je me sens mal pro-
pre à bien executer ce que vous souhaitez de moy.

ARISTIONE.

Vôtre merite, Sostrate, n'est point borné aux
seuls emplois de la guerre, vous avez de l'esprit,
de la conduite, de l'adresse, & ma Fille fait cas
de vous.

SOSTRATE.

Quelqu'autre mieux que moy, Madame....

ARISTIONE.

Non, non, en vain vous vous en défendez.

SOSTRATE.

Puisque vous le voulez, Madame, il vous
faut obeïr, mais je vous jure que dans toute
vôtre Cour vous ne pouviez choisir personne
qui ne fust en estat de s'acquiter beaucoup
mieux que moy d'une telle commission.

ARISTIONE.

C'est trop de modestie, & vous vous acqui-
terez toûjours bien de toutes les choses dont on
vous chargera. Découvrez doucement les sentimens d'Eriphile, & faites la resouvenir qu'il faut
se rendre de bonne heure dans le Bois de Diane.

SCE-

SCENE III.

IPHICRATE, TIMOCLES, CLITI-DAS, SOSTRATE.

IPHICRATE.

VOus pouvez croire que je prends part à l'esti-me que la Princesse vous témoigne.

TIMOCLES

Vous pouvez croire, que je suis ravy du choix que l'on a fait de vous.

IPHICRATE.

Vous voilà en état de servir vos amis.

TIMOCLES

Vous avez dequoy rendre de bons offices aux gens qu'il vous plaira.

IPHICRATE.

Je ne vous recommande point mes interests.

TIMOCLES.

Je ne vous dy point de parler pour moy.

SOSTRATE.

Seigneurs, il seroit inutile ; j'aurois tort de passer les ordres de ma commission, & vous trouverez bon que je ne parle, ny pour l'un, ny pour l'autre.

IPHICRATE.

Je vous laisse agir comme il vous plaira.

TIMOCLES

Vous en userez comme vous voudrez.

SCENE IV.

IPHICRATE, TIMOCLES, CLITIDAS.

IPHICRATE.

Clitidas se resouvient bien qu'il est de mes amis, je luy recommande toûjours de prendre mes interests auprés de sa Maistresse, contre ceux de mon Rival.

CLITIDAS.

Laissez-moy faire, il y a bien de la comparaison de luy à vous, & c'est un Prince bien bâty pour vous le disputer.

IPHICRATE.

Je reconnoistray ce service.

TIMOCLES.

Mon Rival fait sa Cour à Clitidas, mais Clitidas sçait bien qu'il m'a promis d'appuyer contre luy les pretentions de mon amour.

CLITIDAS.

Assurement, & il se mocque de croire l'emporter sur vous; voilà auprés de vous un beau petit morveux de Prince.

TIMOCLES.

Il n'y a rien que je ne fasse pour Clitidas.

CLITIDAS.

Belles paroles de tous côtez. Voicy la Princesse; prenons mon temps pour l'aborder.

SCENE V.

ERIPHILE, CLEONICE.

CLEONICE.

ON trouvera étrange, Madame, que vous vous soyez ainsi écartée de tout le monde.

ERIPHILE.

Ah! qu'aux personnes comme nous qui sommes toûjours accablées de tant de gens, un peu de solitude est parfois agreable, & qu'aprés mille impertinents entretiens, il est doux de s'entretenir avec ses pensées. Qu'on me laisse icy promener toute seule.

CLEONICE.

Ne voudriez vous pas, Madame, voir un petit essay de la disposition de ces gens admirables qui veulent se donner à vous? Ce sont des personnes, qui par leurs pas, leurs gestes, & leurs mouvemens expriment aux yeux toutes choses; & on appelle cela Pantomimes. J'ay tremblé à vous dire ce mot, & il y a des gens dans vôtre Cour qui ne me le pardonneroient pas.

ERIPHILE.

Vous avez bien la mine, Cleonice, de me venir icy regaler d'un mauvais divertissement; car grace au Ciel vous ne manquez pas de vouloir produire indifferemment tout ce qui se presente à vous, & vous avez une affabilité qui ne rejette rien. Aussi-est-ce à vous seule qu'on voit avoir recours, toutes les Muses necessitantes; vous estes la grande protectrice du merite incommodé, & tout ce qu'il y a de vertueux indigens au monde va débarquer chez vous.

CLIO-

C L E O N I C E.

Si vous n'avez pas envie de les voir, Madame, il ne faut que les laisser-là.

E R I P H I L E.

Non, non, voyons les, faites-les venir.

C L E O N I C E.

Mais peut-estre, Madame, que leur dance sera méchante.

E R I P H I L E.

Méchante, ou non, il la faut voir ; ce ne
seroit avec vous que reculer la chose, & il vaut
mieux en estre quitte.

C L E O N I C E.

Ce ne sera icy, Madame, qu'une dance ordinaire, une autre fois....

E R I P H I L E.

Point de preambule, Cleonice, qu'ils dancent.

Fin du premier Acte.

SECOND INTERMEDE.

L A Confidente de la jeune Princesse luy pro-
duit trois danceurs, sous le nom de Pantomimes ; c'est à dire qui expriment par leurs gestes toutes sortes de choses. La Princesse les voit
dancer, & les reçoit à son service.

ENTRE'E DE BALLET

De trois Pantomimes.

ACTE

ACTE II.

SCENE PREMIERE.

ERIPHILE, CLEONICE, CLITIDAS.

ERIPHILE.

Voilà qui est admirable ! je ne croy pas qu'on puisse mieux dancer qu'ils dancent , & je suis bien aise de les avoir à moy.

CLEONICE.

Et moy, Madame, je suis bien aise que vous ayez vû que je n'ay pas si méchant goust que vous avez pensé.

ERIPHILE.

Ne triomphez point tant , vous ne tarderez guere à me faire avoir ma revanche : qu'on me laisse icy.

CLEONICE.

Je vous avertis , Clitidas , que la Princesse veut estre seule.

CLITIDAS.

Laissez-moy faire , je suis homme qui sçais ma Cour.

SCENE II.

ERIPHILE, CLITIDAS.

CLITIDAS *fait semblant de chanter.*

LA, la, la, la, ah!

ERIPHILE.

Clitidas.

CLITIDAS.

Je ne vous avois pas veû là, Madame.

ERIPHILE.

Approche. D'où viens tu?

CLITIDAS.

De laisser la Princesse vôtre Mere qui s'en aloit vers le Temple d'Appollon, accompagnée de beaucoup de gens.

ERIPHILE.

Ne trouves-tu pas ces lieux les plus charmans du monde?

CLITIDAS.

Assurement. Les Princes vos Amans y estoient.

ERIPHILE.

Le Fleuve Pénée fait icy d'agreables détours.

CLITIDAS.

Fort agreables. Sostrate y estoit aussi.

ERIPHILE.

D'où vient qu'il n'est pas venu à la promenade?

CLITIDAS.

Il a quelque chose dans la teste qui l'empesche de prendre plaisir à tous ces beaux regales. Il m'a voulu entretenir, mais vous m'avez défendu si expressement de me charger d'aucune affaire auprés de vous, que je n'ay point voulu luy prester l'oreille, & je luy ay dit nettement que je n'avois pas le loisir de l'entendre.

F ERI-

ERIPHILE.

Tu as eu tort de luy dire cela , & tu devois l'écouter.

CLITIDAS.

Je luy ay dit d'abord que je n'avois pas le loisir de l'entendre, mais aprés je luy ay donné audience.

ERIPHILE.

Tu as bien fait.

CLITIDAS.

En verité c'est un homme qui me revient, un homme fait comme je veux que les hommes soyent faits. Ne prenant point des manieres bruyantes & des tons de voix assommans ; sage & posé en toutes choses , ne parlant jamais que bien à propos ; point prompt à décider ; point du tout exagerateur incommode ; & quelques beaux Vers que nos Poëtes luy ayent recité , je ne luy ay jamais oüy dire voilà qui est plus beau que tout ce qu'a jamais fait Homere. Enfin , c'est un homme pour qui je me sens de l'inclination, & si j'étois Princesse il ne seroit pas malheureux.

ERIPHILE.

C'est un homme d'un grand merite assurement ; mais dequoy t'a t-il parlé ?

CLITIDAS.

Il m'a demandé si vous aviez témoigné grande joye au magnifique regale que l'on vous a donné ; m'a parlé de votre personne avec des transports les plus grands du monde, vous a mise au dessus du Ciel, & vous a donné toutes les loüanges qu'on peut donner à la Princesse la plus accomplie de la terre , entremeslant tout cela de plusieurs soûpirs qui disoient plus qu'il ne vouloit. Enfin , à force de le tourner de tous côtez, & de le presser sur la cause de cette profonde mélancolie, dont toute la Cour s'apperçoit , il a esté contraint de m'avoüer qu'il estoit amoureux.

ERI-

ERIPHILE.

Comment amoureux ? quelle temerité eſt la
ſienne ? c'eſt un extravagant que je ne verray de
ma vie.

CLITIDAS.

Dequoy vous plaignez-vous , Madame?

ERIPHILE.

Avoir l'audace de m'aimer , & de plus avoir
l'audace de le dire?

CLITIDAS.

Ce n'eſt pas vous, Madame, dont il eſt amoureux.

ERIPHILE.

Ce n'eſt pas moy?

CLITIDAS.

Non, Madame, il vous reſpecte trop pour cela, & eſt trop ſage pour y penſer.

ERIPHILE.

Et de qui donc, Clitidas?

CLITIDAS.

D'une de vos Filles , la jeune Arſinoé.

ERIPHILE.

A-t-elle tant d'appas , qu'il n'ait trouvé qu'elle
digne de ſon amour?

CLITIDAS.

Il l'ayme éperduëment, & vous conjure d'honorer ſa flàme de vôtre protection.

ERIPHILE.

Moy?

CLITIDAS.

Non, non, Madame, je voy que la choſe ne
vous plaiſt pas. Vôtre colere m'a obligé à prendre
ce détour, & pour vous dire la verité, c'eſt vous
qu'il ayme éperduëment.

ERIPHILE.

Vous eſtes un inſolent de venir ainſi ſurprendre
mes ſentimens. Allons, ſortez d'icy , vous vous
meſlez de vouloir lire dans les ames ; de vouloir

F 2

penetrer

penetrer dans les secrets du cœur d'une Princesse. Ostez vous de mes yeux, & que je ne vous voye jamais, Clitidas.

CLITIDAS.

Madame.

ERIPHILE.

Venez icy. Je vous pardonne cette affaire là.

CLITIDAS.

Trop de bonté, Madame.

ERIPHILE.

Mais à condition, prenez bien garde à ce que je vous dy, que vous n'en ouvrirez la bouche à personne du monde sur peine de la vie.

CLITIDAS.

Il suffit.

ERIPHILE.

Sostrate t'a donc dit qu'il m'aymoit?

CLITIDAS.

Non, Madame, il faut vous dire la verité; j'ay tiré de son cœur par surprise un secret qu'il veut cacher à tout le monde, & avec lequel il est, dit-il, resolu de mourir. Il a esté au desespoir du vol subtil que je luy en ay fait, & bien loin de me charger de vous le découvrir, il m'a conjuré avec toutes les instantes prieres qu'on sçauroit faire, de ne vous en rien reveler, & c'est trahison contre luy que ce que je viens de vous dire.

ERIPHILE.

Tant mieux, c'est par son seul respect qu'il peut me plaire, & s'il estoit si hardy que de me déclarer son amour, il perdroit pour jamais, & ma presence, & mon estime.

CLITIDAS.

Ne craignez point, Madame.....

ERIPHILE.

Le voicy; souvenez vous au moins si vous estes sage de la défence que je vous ay faite.

CLI-

CLITIDAS.

Cela est fait, Madame, il ne faut pas estre
Courtisan indiscret.

SCENE III.

SOSTRATE, ERIPHILE.

SOSTRATE.

J'Ay une excuse, Madame, pour oser interrompre vôtre solitude, & j'ay reçeu de la Princesse vôtre Mere une commission qui authorise la
hardiesse que je prends maintenant.

ERIPHILE.

Quelle commission, Sostrate?

SOSTRATE.

Celle, Madame, de tâcher d'apprendre de
vous vers lequel des deux Princes peut incliner
vôtre cœur.

ERIPHILE.

La Princesse ma Mere montre un esprit judi-
cieux dans le choix qu'elle a fait de vous pour un
pareil employ. Cette commission, Sostrate, vous
a esté agreable sans doute, & vous l'avez acceptée
avec beaucoup de joye.

SOSTRATE.

Je l'ay acceptée, Madame, par la necessité que
mon devoir m'impose d'obeïr, & si la Princesse
avoit voulu recevoir mes excuses, elle auroit ho-
noré quelqu'autre de cet employ.

ERIPHILE.

Quelle cause, Sostrate, vous obligeoit à le re-
fuser?

SOSTRATE.

La crainte, Madame, de m'en acquiter mal.

ERIPHILE.

Croyez vous que je ne vous estime pas assez
pour vous ouvrir mon cœur, & vous donner toutes les lumieres que vous pourrez desirer de moy
sur le sujet de ces deux Princes?

SOSTRATE.

Je ne desire rien pour moy là dessus, Madame,
& je ne vous demande que ce que vous croirez devoir donner aux ordres qui m'amenent.

ERIPHILE.

Jusques icy je me suis défenduë de m'expliquer,
& la Princesse ma Mere a eu la bonté de souffrir
que j'aye reculé toûjours ce choix qui me doit
engager; mais je seray bien aise de témoigner à
tout le monde que je veux faire quelque chose
pour l'amour de vous, & si vous m'en pressez je
rendray cet arrest qu'on attend depuis si long-
temps.

SOSTRATE.

C'est une chose, Madame, dont vous ne serez
point importunée par moy, & je ne sçaurois me
resoudre à presser une Princesse qui sçait trop ce
qu'elle a à faire.

ERIPHILE.

Mais c'est ce que la Princesse ma Mere attend
de vous.

SOSTRATE.

Ne luy ay-je pas dit aussi que je m'acquiterois
mal de cette commission?

ERIPHILE.

O ça, Sostrate, les gens comme vous, ont
toûjours les yeux penetrans, & je pense qu'il ne
doit y avoir gueres de choses qui échapent aux vô-
tres. N'ont ils pû découvrir, vos yeux, ce dont
tout le monde est en peine, & ne vous ont ils
point donné quelques petites lumieres du pan-
chant de mon cœur? Vous voyez les soins qu'on
me rend, l'empressement qu'on me témoigne;
quel

quel est celuy de ces deux Princes que vous croyez
que je regarde d'un œil plus doux?

SOSTRATE.

Les doutes que l'on forme sur ces sortes de choses, ne sont reglez d'ordinaire que par les interests qu'on prend.

ERIPHILE.

Pour qui, Sostrate, pancheriez vous des deux?
quel est celuy, dites-moy, que vous souhaite-
riez que j'épousasse?

SOSTRATE.

Ah! Madame, ce ne seront pas mes souhaits,
mais vôtre inclination qui décidera de la chose.

ERIPHILE.

Mais si je me conseillois à vous pour ce choix.

SOSTRATE.

Si vous vous conseilliez à moy, je serois fort
embarassé.

ERIPHILE.

Vous ne pourriez pas dire qui des deux vous
semble plus digne de cette preference?

SOSTRATE.

Si l'on s'en raporte à mes yeux, il n'y aura personne qui soit digne de cet honneur. Tous les
Princes du monde seront trop peu de chose pour
aspirer à vous; les Dieux seuls y pourront preten-
dre, & vous ne souffrirez des hommes que l'en-
cens, & les Sacrifices.

ERIPHILE.

Cela est obligeant, & vous estes de mes amis.
Mais je veux que vous me disiez pour qui des
deux vous vous sentez plus d'inclination, quel est
celuy que vous mettez le plus au rang de vos amis.

SCENE IV.

CHORE'BE, SOSTRATE, ERIPHILE.

CHORE'BE.

Madame, voilà la Princesse qui vient vous prendre icy, pour aller au Bois de Diane.

SOSTRATE.

Helas! petit garçon que tu es venu à propos.

SCENE V.

ARISTIONE, IPHICRATE, TIMOCLES, ANAXARQUE, CLITIDAS, SOSTRATE, ERIPHILE.

ARISTIONE.

On vous a demandée, ma Fille, & il y a des gens que vôtre absence chagrine fort.

ERIPHILE.

Je per se, Madame, qu'on m'a demandée par compliment, & on ne s'inquiete pas tant qu'on vous dit.

ARISTIONE.

On enchaîne pour nous icy tant de divertisse-mens les uns aux autres, que toutes nos heures sont retenuës, & nous n'avons aucun moment à perdre, si nous voulons les goûter tous. Entrons viste dans le Bois, & voyons ce qui nous y attend; ce lieu est le plus beau du monde, prenons viste nos places.

Fin du second Acte.

TROI-

TROISIE'ME INTERME'DE.

LE Theatre eſt une Foreſt, où la Princeſſe eſt invitée d'aller, une Nymphe luy en fait les honneurs en chantant, & pour la divertir on luy jouë une petite Comedie en Muſique, dont voicy le ſujet: Un Berger ſe plaint à deux Bergers ſes amis, des froideurs de celle qu'il ayme, les deux amis le conſolent; & comme la Bergere aymée arrive, tous trois ſe retirent pour l'obſerver: aprés quelque plainte amoureuſe elle ſe repoſe ſur un gazon, & s'abandonne aux douceurs du ſommeil; l'Amant fait approcher ſes amis pour contempler les graces de ſa Bergere, & invite toutes choſes à contribuër à ſon repos. La Bergere en s'éveillant, voit ſon Berger à ſes pieds, ſe plaint de ſa pourſuite: Mais conſiderant ſa conſtance elle luy accorde ſa demande, & conſent d'en eſtre aymée en preſence des deux Bergers amis: Deux Satyres arrivant ſe plaignent de ſon changement, & eſtant touchez de cette diſgrace, cherchent leur conſolation dans le vin.

LES PERSONNAGES
de la Paſtorale.

La Nymphe de la Vallée de Tempé.
Tircis.
Lycaſte.
Menandre.
Caliſte.
Deux Satyres.

PROLOGUE.

LA NYMPHE DE TEMPE'.

Venez grande Princesse avec tous vos appas,
Venez prester vos yeux aux innocens ébas
Que nostre desert vous presente ;
N'y cherchez point l'éclat des Festes de la Cour,
On ne sent icy que l'amour,
Ce n'est que d'amour qu'on y chante.

SCENE PREMIERE.

TIRCIS.

Vous chantez sous ces feuillages,
Doux rossignols pleins d'amour,
Et de vos tendres ramages
Vous réveillez tour à tour
Les échos de ces bocages :
Helas ! petits oyseaux, helas !
Si vous aviez mes maux vous ne chanteriez pas.

SCENE DEUXIEME.

LICASTE, MENANDRE, TIRCIS.

LICASTE.
He' quoy toûjours languissant, sombre, & tri-
ste ?

ME-

MENANDRE.

He quoy toûjours aux pleurs abandonné?

TIRCIS.

Toujours adorant Caliste,
Et toujours infortuné.

LICASTE.

Domte, domte, Berger, l'ennuy qui te possede.

TIRCIS.

Eh le moyen, helas!

MENANDRE.

Fais, Fais-toy quelque effort.

TIRCIS.

Eh le moyen, helas! quand le mal est trop fort?

LICASTE.

Ce mal trouvera son remede.

TIRCIS.

Je ne gueriray qu'à ma mort.

LICASTE, ET MENANDRE.

Ah Tircis!

TIRCIS.

Ah Bergers.

LICASTE, ET MENANDRE.

Prens sur toy plus d'empire.

TIRCIS.

Rien ne me peut secourir.

LICASTE, ET MENANDRE.

C'est trop, c'est trop ceder.

TIRCIS.

C'est trop, c'est trop souffrir.

LICASTE, ET MENANDRE.

Quelle foiblesse!

TIRCIS.

Quel martyre!

LICASTE, ET MENANDRE.

Il faut prendre courage.

TIRCIS.

Il faut plutost mourir.

F 6 LI

LICASTE.

Il n'est point de Bergere
Si froide, & si severe,
Dont la pressante ardeur
D'un cœur qui persevere
Ne vainque la froideur.

MENANDRE.

Il est dans les affaires
Des amoureux mysteres,
Certains petits momens
Qui changent les plus fieres,
Et font d'heureux Amans.

TIRCIS.

Je la voy, la cruelle,
Qui porte icy ses pas,
Gardons d'estre veu d'elle,
L'Ingrate, helas !
N'y viendroit pas.

SCENE TROISIEME.

CALISTE.

AH que sur nôtre cœur
La severe Loy de l'honneur
Prend un cruel empire !
Je ne fais voir que rigueurs pour Tircis,
Et cependant sensible à ses cuisans soucis,
De sa langueur en secret je soupire,
Et voudrois bien soulager son martyre,
C'est à vous seuls que je le dis,
Arbres, n'allez pas le redire.
Puisque le Ciel a voulu nous former
Avec un cœur qu'Amour peut enflammer,
Quelle rigueur impitoyable

Contre

Contre des traits si doux nous force à nous armer,
Et pourquoy sans estre blâmable
Ne peut on pas aymer
Ce que l'on trouve aymable?

Helas! que vous estes heureux
Innocens Animaux de vivre sans contrainte,
Et de pouvoir suivre sans crainte
Les doux emportemens de vos cœurs amoureux:
Helas! petits oyseaux que vous estes heureux
De ne sentir nulle contrainte,
Et de pouvoir suivre sans crainte
Les doux emportemens de vos cœurs amoureux.
Mais le someil sur ma paupiere
Verse de ses Pavots l'agreable fraischeur,
Donnons-nous à luy toute entiere,
Nous n'avons point de Loy severe
Qui défende à nos sens d'en gouter la douceur.

SCENE QUATRIEME.

TIRCIS, LICASTE, MENANDRE.

TIRCIS.

VErs ma belle ennemie
Portons sans bruit nos pas,
Et ne réveillons pas
Sa rigueur endormie.

TOUS TROIS.

Dormez, dormez beaux yeux, adorables vainqueurs,
Et goutez le repos que vous ostez aux cœurs,
Dormez, dormez beaux yeux.
F 7   TIR-

TIRCIS.

Silence, petits oyseaux,
Vents n'agitez nulle chose,
Coulez doucement ruisseaux,
C'est Caliste qui repose.

TOUS TROIS.

Dormez, dormez beaux yeux, adorables vainqueurs,
Et goutez le repos que vous ostez aux cœurs,
Dormez, dormez beaux yeux.

CALISTE.

Ah quelle peine extréme!
Suivre par tout mes pas.

TIRCIS.

Que voulez vous qu'on suive, helas!
Que ce qu'on ayme?

CALISTE.

Berger que voulez vous?

TIRCIS.

Mourir, belle Bergere,
Mourir à vos genoux,
Et finir ma misere,
Puisqu'en vain à vos pieds on me voit soupirer,
Il y faut expirer.

CALISTE

Ah Tircis, ostez vous, j'ay peur que dans ce jour
La pitié dans mon cœur n'introduise l'amour.

LICASTE, ET MENANDRE.
l'un aprés l'autre.

Soit amour, soit pitié,
Il sied bien d'estre tendre;
C'est par trop vous défendre
Bergere, il faut se rendre
A sa longue amitié,
Il sied bien d'estre tendre.

CALISTE.

C'est trop, c'est trop de rigueur,
J'ay mal-traité vôtre ardeur

Cherissant

Cheriſſant vôtre perſonne,
Vangez vous de mon cœur
Tircis, je vous le donne.

T I R C I S.

O Ciel! Bergers! Caliſte! ah je ſuis hors de moy!
Si l'on meurt de plaiſir je dois perdre la vie.

L I C A S T E.

Digne prix de ta foy.

M E N A N D R E.

O ſort digne d'envie!

SCENE CINQUIEME.

DEUX SATYRES, TIRCIS, LI-CASTE, CALISTE.

Premier SATYRE.

Voy tu me ſuis ingrate, & je te vois icy
De ce Berger à moy faire une preference?

Deuxiéme SATYRE.

Quoy mes ſoins n'ont rien pû ſur ton indifference,
Et pour ce langoureux ton cœur s'eſt adoucy?

C A L I S T E.

Le deſtin le veut ainſi,
Prenez tous deux patience.

Premier SATYRE.

Aux amans qu'on pouſſe à bout
L'amour fait verſer des larmes:
Mais ce n'eſt pas nôtre gouſt,
Et la bouteille a des charmes
Qui nous conſolent de tout.

Deuxiéme SATYRE.

Nôtre amour n'a pas toûjours
Tout le bon-heur qu'il deſire:
Mais nous avons un ſecours,
Et le bon vin nous fait rire
Quand on rit de nos amours.

TOUS

TOUS.

Champeſtres Divinitez,
Faunes, Driades, ſortez
De vos paiſibles retraites;
Meſlez vos pas à nos ſons,
Et tracez ſur les herbettes
L'image de nos chanſons.

PREMIERE ENTRE'E DE BALLET.

EN meſme temps ſix Driades & ſix Faunes ſortent de leurs demeures, & font enſemble une dance agreable, qui s'ouvrant tout d'un coup, laiſſe voir un Berger & une Bergere, qui font en Muſique une petite Scene d'un dépit amoureux.

DEPIT AMOUREUX.

CLIMENE, PHILINTE.

PHILINTE.

Quand je plaiſois à tes yeux
J'eſtois content de ma vie,
Et ne voyois Roy ny Dieux
Dont le ſort me fit envie.

CLIMENE.

Lors qu'à toute autre perſonne
Me preferoit ton ardeur,
J'aurais quitté la Couronne
Pour regner deſſus ton cœur.

PHILINTE.

Un autre a guery mon ame
Des feux que j'avois pour toy.

CLIMENE.

Un autre a vangé ma flâme
Des foibleſſes de ta foy.

PHILINTE.

Cloris qu'on vante si fort,
Mesme d'une ardeur fidelle;
Si ses yeux vouloient ma mort
Je mourrois content pour elle.

CLIMENE.

Mirtil si digne d'envie,
Me cherit plus que le jour,
Et moy je perdrois la vie
Pour luy montrer mon amour.

PHILINTE.

Mais si d'une douce ardeur
Quelque renaissante trace
Chassoit Cloris de mon cœur
Pour te remettre en sa place.

CLIMENE.

Bien qu'avec pleine tendresse
Mirtil me puisse cherir,
Avec toy, je le confesse,
Je voudrois vivre & mourir.

TOUS DEUX ENSEMBLE.

Ah plus que jamais aymons-nous,
Et vivons & mourons en des liens si doux.

TOUS LES ACTEURS
de la Comedie chantent.

Amans que vos querelles
Sont aymables & belles,
Qu'on y voit succeder
De plaisirs, de tendresse,
Querellez vous sans cesse
Pour vous racommoder !

Amans que vos querelles
Sont aymables & belles, &c.

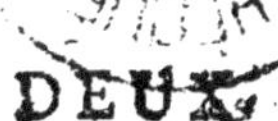

DEUX

DEUXIEME ENTRE'E DE BALLET.

LEs Faunes & les Driades recommencent leur dance, que les Bergeres & Bergers Muſiciens entre-meſlent de leurs Chanſons, tandis que trois petites Driades, & trois petits Faunes, font paroître dans l'enfoncement du Theatre tout ce qui ſe paſſe ſur le devant.

LES BERGERS, ET BERGERES.

JOuiſſons, jouiſſons des plaiſirs innocens
Dont les feux de l'Amour, ſçavent charmer nos
    ſens,
    Des grandeurs, qui voudra ſe ſoucie,
    Tous ces honneurs dont on a tant d'envie,
    Ont des chagrins qui ſont vieilliſſans:
Jouiſſons, jouiſſons des plaiſir innocens
Dont les feux de l'amour ſçavent charmer nos ſens.
    En aymant tout nous plaiſt dans la vie,
    Deux cœurs unis de leur ſort ſont contents,
    Cette ardeur de plaiſirs ſuivie,
    De tous nos jours fait d'eternels printemps:
Jouiſſons, jouiſſons des plaiſirs innocens
Dont les feux de l'amour ſçavent charmer nos ſens.

ACTE

ACTE III.

SCENE PREMIERE.

ARISTIONE, IPHICRATE, TIMOCLES, ANAXARQUE, CLITIDAS, ERI-PHILE, SOSTRATE. *Suite.*

ARISTIONE.

LES mesmes paroles toûjours se presentent à dire. Il faut toûjours s'écrier voilà qui est admirable, il ne se peut rien de plus beau, cela passe tout ce qu'on a jamais veu.

TIMOCLES.

C'est donner de trop grandes paroles, Madame, à de petites bagatelles.

ARISTIONE.

Des bagatelles comme celles-là, peuvent occuper agréablement les plus serieuses personnes. En verité, ma Fille, vous estes bien obligée à ces Princes, & vous ne sçauriez assez reconnoître tous les soins qu'ils prennent pour vous.

ERIPHILE.

J'en ay, Madame, tout le ressentiment qu'il est possible.

ARISTIONE.

Cependant vous les faites long-temps languir, sur ce qu'ils attendent de vous; j'ay promis de ne vous point contraindre, mais leur amour vous presse de vous déclarer; & de ne plus traîner en longueur la recompense de leurs services. J'ay chargé Sostrate d'apprendre doucement de vous les sentimens de vôtre cœur, & je ne sçay pas s'il a commencé à s'acquiter de cette commission.

ERI-

ERIPHILE.

Oüy, Madame, mais il me semble que je ne
puis affez reculer ce choix dont on me preffe, &
que je ne fçaurois le faire fans meriter quelque
blâme. Je me fens également obligé à l'amour,
aux empreffemens, aux fervices de ces deux Princes, & je trouve une efpece d'injuftice bien grande à me montrer ingrate, ou vers l'un, ou vers
l'autre, par le refus qu'il m'en faudra-faire
dans la preference de fon Rival.

IPHICRATE.

Cela s'appelle, Madame, un fort honnefte compliment pour nous refufer tous deux.

ARISTIONE.

Ce fcrupule, ma Fille, ne doit point vous in-
quieter, & ces Princes tous deux fe font foûmis
il y a long-temps à la preference que pourra faire
vôtre inclination.

ERIPHILE.

L'inclination, Madame, eft fort fujete à fe
tromper, & des yeux definterenez font beaucoup
plus capables de faire un jufte choix.

ARISTIONE.

Vous fçavez que je fuis engagée de parole à ne
rien prononcer là deffus, & parmy ces deux
Princes vôtre inclination ne peut point fe tromper, & faire un choix qui foit mauvais.

ERIPHILE.

Pour ne point violenter vôtre parole, ny mon
fcrupule, agréez, Madame, un moyen que j'o-
fe propofer?

ARISTIONE.

Quoy, ma Fille?

ERIPHILE.

Que Softrate décide de cette preference. Vous
l'avez pris pour découvrir le fecret de mon cœur,
fouffrez que je le prenne pour me tirer de l'em-
baras où je me trouve.

ARIS-

A R I S T I O N E.

J'eftime tant Softrate, que foit que vous vouliez vous fervir de luy pour expliquer vos fenti-
mens, ou foit que vous vous en remettiez abfolu-
ment, à fa conduite; je fais, dy je, tant d'eftime
de fa vertu & de fon jugement, que je confens de
tout mon cœur à la propofition que vous me faites.

I P H I C R A T E.

C'eft à dire, Madame, qu'il nous faut faire
nôtre Cour à Softrate?

S O S T R A T E.

Non, Seigneur, vous n'aurez point de Cour
à me faire, & avec tout le refpect que je dois
aux Princeffes, je renonce à la gloire ou elles
veulent m'élever.

A R I S T I O N E.

D'où vient cela, Softrate?

S O S T R A T E.

J'ay des raifons, Madame, qui ne permettent
pas que je reçoive l'honneur que vous me pre-
fentez.

I P H I C R A T E.

Craignez-vous, Softrate, de vous faire un en-
nemy?

S O S T R A T E.

Je craindrois peu, Seigneur, les ennemis que je
pourrois me faire en obeïffant à mes Souveraines.

T I M O C L E S.

Par quelle raifon donc, refufez vous d'accepter le pouvoir qu'on vous donne, & de vous ac-
querir l'amitié d'un Prince qui vous devroit tout
fon bonheur?

S O S T R A T E.

Par la raifon que je ne fuis pas en eftat d'ac-
corder à ce Prince ce qu'il foûhaiteroit de moy.

I P H I C R A T E.

Quelle pourroit eftre cette raifon?

SOSTRATE.

Pourquoy me tant preſſer là-deſſus. Peut-eſtre
ay-je, Seigneur, quelque intereſt ſecret qui s'op-
poſe aux pretentions de vôtre amour. Peut eſtre
ay-je un amy qui brûle ſans oſer le dire, d'une flâme reſpectueuſe pour les charmes divins dont vous
eſtes épris. Peut-eſtre cet amy me fait il tous les
jours confidence de ſon martyre ; qu'il ſe plaint à
moy tous les jous des rigueurs de ſa deſtinée, &
regarde l'Hymen de la Princeſſe, ainſi que l'arreſt
redoutable qui le doit pouſſer au tombeau ? & ſi
cela eſtoit, Seigneur, ſeroit-il raiſonnable que ce
fuſt de ma main qu'il receût le coup de la mort ?

IPHICRATE.

Vous auriez bien la mine, Soſtrate, d'être vous-
meſme cet amy, dont vous prenez les intereſts.

SOSTRATE.

Ne cherchez point, de grace, à me rendre odieux
aux perſonnes qui vous écoûtent ; je ſçay me con-
noître, Seigneur, & les malheu.... ..mme moy
n'ignorent pas juſques ou leur fortune leur permet
d'aſpirer.

ARISTIONE.

Laiſſons-cela, nous trouverons moyen de terminer l'irreſolution de ma Fille.

ANAXARQUE.

En eſt-il un meilleur, Madame, pour terminer
les choſes au contentement de tout le monde, que
les lumieres que le Ciel peut donner ſur ce Mariage?
J'ay commencé comme je vous ay dit, à jetter pour
cela les figures myſterieuſes que nôtre art nous en-
ſeigne, & j'eſpere vous faire voir tantôt ce que
l'avenir garde a cette union ſoûhaitée. Aprés cela
pourra-t-on balancer encore ? La gloire & les pro-
ſperitez que le Ciel promettra, ou à l'un, ou à
l'autre choix, ne ſeront-elles pas ſuffiſantes pour le
déterminer, & celuy qui ſera exclus, pourra-t-il
s'offencer quand ce ſera le Ciel qui décidera cette
preference ?   IPHI-

I P H I C R A T E.

Pour moy je m'y soûmets entierement, & je déclare que cette voye me semble la plus raisonnable.

T I M O C L E S.

Je suis de mesme avis; & le Ciel ne sçauroit rien faire où je ne souscrive sans repugnance.

E R I P H I L E.

Mais, Seigneur Anazarque, voyez vous si clair dans les destinées, que vous ne vous trompiez jamais, & ces prosperitez, & cette gloire que vous dites que le Ciel nous promet, qui en sera caution, je vous prie?

A R I S T I O N E.

Ma Fille, vous avez une petite incredulité qui ne vous quitte point.

A N A X A R Q U E.

Les épreuves, Madame, que tout le monde a veuës de l'infaillibilité de mes predictions, sont les cautions suffisantes des promesses que je puis faire. Mais enfin, quand je vous auray fait voir ce que le Ciel vous marque, vous vous reglerez la dessus, à vôtre fantaisie, & ce sera à vous à prendre la fortune de l'un, ou de l'autre choix.

E R I P H I L E.

Le Ciel, Anaxarque, me marquera les deux fortunes qui m'attendent?

A N A X A R Q U E.

Oüy, Madame, felicitez qui vous suivront, si vous épousez l'un, & les disgraces qui vous accompagneront, si vous épousez l'autre.

E R I P H I L E.

Mais comme il est impossible que je les épouse tous deux, il faut donc qu'on trouve écrit dans le Ciel, non seulement ce qui doit arriver, mais aussi ce qui ne doit pas arriver.

C L I T I D A S.

Voilà mon Astrologue embarassé.

A N A-

ANAXARQUE.

Il faudroit vous faire, Madame, une longue
difcution des principes de l'Aftrologie pour vous
faire comprendre cela.

CLITIDAS.

Bien répondu. Madame, je ne dis point de
mal de l'Aftrologie, l'Aftrologie eft une belle chofe, & le Seigneur Anaxarque eft un grand homme.

IPHICRATE.

La verité de l'Aftrologie eft une chofe inconte-
ftable, & il n'y a perfonne qui puiffe difputer contre la certitude de fes predictions.

CLITIDAS.

Affurement.

TIMOCLES.

Je fuis affez incredule pour quantité de chofes,
mais pour ce qui eft de l'Aftrologie, il n'y a
rien de plus feur & de plus conftant, que le fuc-
cés des Horofcopes qu'elle tire.

CLITIDAS.

Ce font des chofes les plus claires du monde.

IPHICRATE.

Cent aventures predites arrivent tous les jours,
qui convainquent les plus opiniâtres.

CLITIDAS.

Il eft vray.

TIMOCLES.

Peut-on contefter fur cette matiere les incidens
celebres, dont les Hiftoires nous font foy?

CLITIDAS.

Il faut n'avoir pas le fens commun. Le moyen de contefter ce qui eft moulé.

ARISTIONE.

Softrate n'en dit mot, quel eft fon fentiment
là-deffus?

SOSTRATE.

Madame, tous les efprits ne font pas nez avec
les qualitez qu'il faut pour la délicateffe de ces
belles

belles Sciences, qu'on nomme curieuſes, & il y
en a de ſi materiels, qu'ils ne peuvent aucunement
comprendre ce que d'autres conçoivent le plus fa-
cilement du monde. Il n'eſt rien de plus agreable,
Madame, que toutes les grandes promeſſes de ces
connoiſſances ſublimes. Transformer tout en or,
faire vivre éternellement, guerir par des paroles,
ſe faire aimer de qui l'on veut, ſçavoir tous les ſe-
crets de l'avenir, faire deſcendre comme on veut du
Ciel ſur des métaux des impreſſions de bon-heur,
commander aux démons, ſe faire des Armées invi-
ſibles & des Soldats invulnerables. Tout cela eſt
charmant, ſans doute, & il y a des gens qui n'ont
aucune peine à en comprendre la poſſibilité, cela
leur eſt le plus aiſé du monde à concevoir; mais
pour moy, je vous avoüe que mon eſprit groſſier
a quelque peine à le comprendre, & à le croire,
& j'ay toûjours trouvé cela trop beau pour eſtre veritable. Toutes ces belles raiſons de ſympathie,
de force magnetique, & de vertu occulte, ſont
ſi ſubtiles & délicates, qu'elles échapent à mon
ſens materiel, & ſans parler du reſte, jamais il n'a
été en ma puiſſance de concevoir comme on trouve
écrit dans le Ciel juſqu'aux plus petites particulari-
tez de la fortune du moindre homme. Quel rapport, quel commerce, quelle correſpondance peut-
il y avoir entre nous & des Globes, éloignez de
nôtre terre d'une diſtance ſi effroyable, & d'où
cette belle Science, enfin, peut-eſtre venuë aux
hommes? Quel Dieu l'a revelée, ou quelle expe-
rience l'a pû former, de l'obſervation de ce grand
nombre d'Aſtres qu'on n'a pû voir encore deux fois
dans la meſme diſpoſition?

A N A X A R Q U E.

Il ne ſera pas difficile de vous le faire concevoir.

S O S T R A T E.

Vous ſerez plus habile que tous les autres.

G

C L I-

CLITIDAS.

Il vous fera une discution de tout cela quand vous voudrez.

IPHICRATE.

Si vous ne comprenez pas les choses, au moins les pouvez-vous croire, sur ce que l'on voit tous les jours.

SOSTRATE.

Comme mon sens est si grossier qu'il n'a pû rien comprendre, mes yeux aussi sont si mal-heureux qu'ils n'ont jamais rien veu.

IPHICRATE.

Pour moy j'ay veu, & des choses tout-à-fait convainquantes.

TIMOCLES.

Et moy aussi.

SOSTRATE.

Comme vous avez veu, vous faites bien de croire, & il faut que vos yeux soient faits autre-ment que les miens.

IPHICRATE.

Mais enfin, la Princesse croit à l'Astrologie, & il me semble qu'on y peut bien croire aprés el-le. Est-ce que Madame, Sostrate, n'a pas de l'esprit & du sens ?

SOSTRATE.

Seigneur, la question est un peu violente, l'es-prit de la Princesse n'est pas une regle pour le mien, & son intelligence peut l'élever à des lu-mieres où mon sens ne peut pas atteindre.

ARISTIONE.

Non, Sostrate, je ne vous diray rien sur quan-tité de choses, ausquelles je ne donne gueres plus de créance que vous. Mais pour l'Astrologie on m'a dit, & fait voir des choses si positives que je ne la puis mettre en doute.

SOSTRATE.

Madame, je n'ay rien à répondre à cela.

A B I-

A R I S T I O N E.

Quittons ce difcours, & qu'on nous laiffe un moment. Dreffons nôtre promenade, ma Fille, vers cette belle grotte, où j'ay promis d'aller. Des galanteries à chaque pas.

Fin du troifiéme Acte.

QUATRIE'ME INTERMEDE.

L E Theatre reprefente une grotte, où les Prin-ceffes vont fe promener, & dans le temps qu'el-les y entrent, huit Statuës portant chacune deux flambeaux à leurs mains, fortent de leurs Niches, & font une dance variée de plufieurs Figures, & de plufieurs belles attitudes, où elles demeurent par intervalles.

ENTRE'E DE BALLET

De huit Statuës.

ACTE IV.

SCENE PREMIERE.

ARISTIONE, ERIPHILE.

ARISTIONE.

DE qui que cela soit, on ne peut rien de plus galand & de mieux entendu. Ma Fille, j'ay voulu me separer de tout le monde pour vous entretenir, & je veux que vous ne me cachiez rien de la verité. N'auriez-vous point dans l'ame quelque inclination secrete que vous ne voulez pas nous dire ?

ERIPHILE.

Moy, Madame ?

ARISTIONE.

Parlez à cœur ouvert, ma Fille, ce que j'ay fait pour vous, merite bien que vous usiez avec moy de franchise. Tourner vers vous toutes mes pensées, vous preferer à toutes choses, & fermer l'oreille en l'estat où je suis, à toutes les propositions que cent Princesses en ma place écouteroient avec bienseance, tout cela vous doit assez persuader que je suis une bonne Mere, & que je ne suis pas pour recevoir avec severité les ouvertures que vous pourriez me faire de vôtre cœur.

ERIPHILE.

Si j'avois si mal suivy vôtre exemple, que de m'estre laissée aller à quelques sentimens d'inclination que j'eusse raison de cacher, j'aurois, Madame, assez de pouvoir sur moy-méme pour imposer

poſer ſilence à cette paſſion, & me mettre en
eſtat de ne rien faire voir qui fuſt indigne de vôtre
ſang.

A R I S T I O N E.

Non, non, ma Fille, vous pouvez ſans ſcrupule m'ouvrir vos ſentimens. Je n'ay point renfer-
mé vôtre inclination dans le choix des deux
Princes, vous pouvez l'étendre où vous voudrez,
& le merite auprés de moy, tient un rang ſi conſi-
derable que je l'égale à tout, & ſi vous m'avoüez
franchement les choſes, vous me verrez ſouſ-
crire ſans repugnance au choix qu'aura fait vôtre
cœur.

E R I P H I L E.

Vous avez des bontez pour moy, Madame,
dont je ne puis aſſez me loüer, mais je ne les met-
tray point à l'épreuve ſur le ſujet dont vous me parlez, & tout ce que je leur demande, c'eſt de ne
point preſſer un Mariage où je ne me ſens pas encore bien reſoluë.

A R I S T I O N E.

Juſqu'icy je vous ay laiſſée aſſez maiſtreſſe de
tout, & l'impatience des Princes vos Amans.…
Mais quel bruit eſt ce que j'entends? ah! ma Fille,
quel ſpectacle s'offre à nos yeux, quelque Divinité
deſcend icy, & c'eſt la Déeſſe Venus qui ſemble
nous vouloir parler.

S C E N E   II.

VENUS *accompagnée de quatre petits Amours*
dans une machine, A R I S T I O N E,
E R I P H I L E.

V E N U S.

Princeſſe dans tes ſoins brille un zele exem-
plaire,

Qui

Qui par les Immortels doit estre couronné,
Et pour te voir un gendre , illustre & fortuné,
Leur main te veut marquer le choix que tu dois
    faire ;
        Ils t'annoncent tous par ma voix,
La gloire & les grandeurs , que par ce digne choix
Ils feront pour jamais entrer dans ta famille,
De tes difficultez termine donc le cours ;
    Et pense à donner ta Fille
    A qui sauvera tes jours.

ARISTIONE.

Ma Fille, les Dieux imposent silence à tous
nos raisonnemens. Aprés cela nous n'avons plus
rien à faire, qu'à recevoir ce qu'ils s'apprestent à
nous donner , & vous venez d'entendre distincte-
ment leur volonté. Allons dans le premier Temple les assurer de nôtre obeïssance , & leur rendre
grace de leurs bontez.

SCENE III.

ANAXARQUE, CLEON.

CLEON.

Voilà la Princesse qui s'en va, ne voulez-vous
pas luy parler ?

ANAXARQUE.

Attendons que sa Fille soit separée d'elle, c'est
un esprit que je redoute , & qui n'est pas de trempe
à se laisser mener , ainsi que celuy de la Mere. Enfin, mon fils, comme nous venons de voir par cette
ouverture , le stratagéme a reüssi , nôtre Venus a
fait des merveilles , & l'admirable Ingenieur qui
s'est employé à cet artifice , a si bien disposé tout,
a coupé avec tant d'adresse le plancher de cette
Grotte, si bien caché ses fils de fer , & tous ses ressorts, si bien ajusté ses lumieres , & habillé ses Per-
                sonnages,

sonnages, qu'il y a peu de gens qui n'y eussent esté trompés. Et comme la Princesse Aristione est fort superstitieuse, il ne faut point douter qu'elle ne donne à pleine teste dans cette tromperie. Il y a long-temps, mon fils que je prepare cette machine, & me voilà tantost au but de mes pretentions.

CLEON.

Mais pour lequel des deux Princes au moins dressez vous tout cet artifice?

ANAXARQUE.

Tous deux ont recherché mon assistance, & je leur promets à tous deux la faveur de mon art: mais les presens du Prince Iphicrate, & les promesses qu'il m'a faites, l'emportent de beaucoup sur tout ce qu'a pû faire l'autre. Ainsi ce sera luy qui recevra les effets favorables de tous les ressorts que je fais joüer; & comme son ambition me devra toute chose, voilà mon fils nôtre fortune faite. Je vay prendre mon temps pour affermir dans son erreur l'esprit de la Princesse, pour la mieux prevenir encore par le rapport que je luy feray voir adroitement des paroles de Venus, avec les predictions des figures Celestes, que je luy dis que j'ay jettées. Va-t-en tenir la main au reste de l'ouvrage, preparer nos six hommes à se bien cacher dans leur barque derriere le Rocher; à posement attendre le temps que la Princesse Aristione vient tous les soirs se promener seule sur le rivage, à se jetter bien à propos sur elle, ainsi que des Corsaires, & donner lieu au Prince Iphicrate de luy apporter ce secours, qui sur les paroles du Ciel doit mettre entre ses mains la Princesse Eriphile. Ce Prince est averty par moy, & sur la foy de ma prediction il doit se tenir dans ce petit Bois qui borde le rivage. Mais sortons de cette Grotte, je te diray en marchant toutes les choses qu'il faut bien observer. Voilà la Princesse Eriphile, évitons sa rencontre.

G 4   SCE-

SCENE IV.

ERIPHILE, CLEONICE, SOSTRATE

ERIPHILE.

HElas! quelle est ma destinée, & qu'ay je fait aux Dieux pour meriter les soins qu'ils veulent prendre de moy?

CLEONICE.

Le voicy, Madame, que j'ay trouvé, & à vos premiers ordres il n'a pas manqué de me suivre.

ERIPHILE.

Qu'il approche, Cleonice, & qu'on nous laisse seuls un moment. Sostrate, vous m'aimez?

SOSTRATE.

Moy, Madame?

ERIPHILE.

Laissons cela, Sostrate, je le sçay, je l'approuve, & vous permets de me le dire. Vôtre passion à paru à mes yeux, accompagnée de tout le merite qui me la pouvoit rendre agreable. Si ce n'estoit le rang où le Ciel m'a fait naître, je puis vous dire que cette passion n'auroit pas esté mal-heureuse, & que cent fois je luy ay soûhaite l'appuy d'une fortune, qui pust mettre pour elle en pleine liberté les secrets sentimens de mon ame. Ce n'est pas, Sostrate, que le merite seul n'ait à mes yeux tout le prix qu'il doit avoir, & que dans mon cœur je ne prefere les vertus qui sont en vous, à tous les titres magnifiques, dont les autres sont revestus. Ce n'est pas mesme que la Princesse ma Mere ne m'ait assez laissé la disposition de mes vœux, & je ne doute point, je vous l'avouë, que mes prieres n'eussent pû tourner son consentement du côté que j'aurois voulu; mais il est des Estats, Sostrate, où

il

il n'eſt pas honeſte de vouloir tout ce qu'on peut
faire. Il y a des chagrins à ſe mettre au deſſus de
toutes choſes, & les bruits fâcheux de la renom-
mée vous font trop acheter le plaiſir que l'on trouve
à contenter ſon inclination ; c'eſt à quoy, Soſtrate,
je ne me ſerois jamais reſoluë, & j'ay creu faire
aſſez de fuïr l'engagement dont j'eſtois ſollicitée.
Mais enfin, les Dieux veulent prendre le ſoin eux-
meſmes de me donner un époux ; & tous ces longs
délais avec léſquels j'ay reculé mon mariage, &
que les bontez de la Princeſſe ma Mere ont accor-
dez à mes deſirs, ces délais, dy-je, ne me ſont plus
permis, & il me faut reſoudre à ſubir cet arreſt du
Ciel. Soyez ſeur, Soſtrate, que c'eſt avec toutes
les repugnances du monde que je m'abandonne à
cet Hymenée, & que ſi j'avois pû eſtre maiſtreſſe
de moy, ou j'aurois eſté à vous, ou je n'aurois eſté
à perſonne. Voilà, Soſtrate, ce que j'avois à vous
dire, voilà ce que j'ay creu devoir à votre merite,
& la conſolation que toute ma tendreſſe peut donner à vôtre flâme.

SOSTRATE.

Ah! Madame, ç'en eſt trop pour un mal-heureux, je ne m'eſtois pas preparé à mourir avec
tant de gloire, & je ceſſe dans ce moment de me
plaindre des deſtinées. Si elles m'ont fait naiſtre
dans un rang beaucoup moins élevé que mes deſirs, elles m'ont fait naiſtre aſſez heureux pour
attirer quelque pitié du cœur d'une grande Princeſſe ; & cette pitié glorieuſe vaut des Sceptres &
des Couronnes, vaut la fortune des plus grands
Princes de la terre. Oüy, Madame, dés que j'ay
oſé vous aimer ; c'eſt vous, Madame, qui voulez
bien que je me ſerve de ce mot temeraire ; dés que
j'ay, di-je, oſé vous aimer, j'ai condamné d'a-
bord l'orgueil de mes deſirs, je me ſuis fait moy-
meſme la deſtinée que je devois attendre. Le coup
de mon trépas, Madame, n'aura rien qui me ſur-

prenne, puisque je m'y estois preparé; mais vos bontez le comblent d'un honneur que mon amour jamais n'eust osé esperer, & je m'en vais mourir aprés cela, le plus content & le plus glorieux de tous les hommes. Si je puis encore souhaiter quelque chose, ce sont deux graces, Madame, que je prends la hardiesse de vous demander à genoux; de vouloir souffrir ma presence jusqu'à cet heureux Hymenée, qui doit mettre fin à ma vie; & parmy cette grande gloire, & ces longues prosperitez que le Ciel promet à vôtre union, de vous souvenir quelquefois de l'amoureux Sostrate. Puis-je, divine Princesse, me promettre de vous cette precieuse faveur?

ERIPHILE.

Allez, Sostrate, sortez d'icy, ce n'est pas aymer mon repos, que de me demander que je me souvienne de vous.

SOSTRATE.

Ah! Madame, si vôtre repos,....

ERIPHILE.

Ostez vous, vous dy-je, Sostrate, épargnez ma foiblesse, & ne m'exposez point à plus que je n'ay resolu.

SCENE V.

CLEONICE, ERIPHILE.

CLEONICE.

MAdame, je vous voy l'esprit tout chagrin, vous plaist-il que vos danceurs, qui expriment si bien toutes les passions, vous donnent maintenant quelque épreuve de leur adresse?

ERIPHILE.

Oüy, Cleonice, qu'ils fassent tout ce qu'ils voudront, pourveu qu'ils me laissent à mes pensées.

CIN-

CINQUIE'ME INTERMEDE.

QUatre Pantomimes, pour épreuve de leur adresse, ajustent leurs gestes & leurs pas aux inquietudes de la jeune Princesse Eriphile.

ENTRE'E DE BALLET

De quatre Pantomimes.

ACTE V.

SCENE PREMIERE.

CLITIDAS, ERIPHILE.

CLITIDAS.

 E quel costé porter mes pas ? où m'aviseray-je d'aller, & en quel lieu puis-je croire que je trouveray maintenant la Princesse Eriphile ? Ce n'est pas un petit avantage que d'estre le premier à porter une nouvelle. Ah ! la voilà. Madame, je vous annonce que le Ciel vient de vous donner l'époux qu'il vous destinoit.

ERIPHILE.
Eh, laisse moy, Clitidas, dans ma sombre mélancolie.

CLITIDAS.
Madame, je vous demande pardon, je pensois faire bien de vous venir dire que le Ciel vient de vous donner Sostrate pour époux, mais puisque cela vous incommode, je rengaine ma nouvelle, & m'en retourne droit comme je suis venu.

ERIPHILE.
Clitidas, holà, Clitidas.

CLITIDAS.
Je vous laisse, Madame, dans vôtre sombre mélancolie.

ERI-

ERIPHILE.

Arrefte, te dy-je, approche. Que viens-tu me
dire?

CLITIDAS.

Rien, Madame, on a parfois des empreffemens de venir dire aux Grands des certaines chofes, dont ils ne fe foucient pas, & je vous prie
de m'excufer.

ERIPHILE.

Que tu es cruel!

CLITIDAS.

Une autre fois j'auray la difcretion de ne vous
pas venir interrompre.

ERIPHILE.

Ne me tiens point dans l'inquietude, qu'eft-
ce que tu viens m'annoncer?

CLITIDAS.

C'eft une bagatelle de Softrate, Madame, que
je vous diray une autre fois, quand vous ne ferez
point embaraffée.

ERIPHILE.

Ne me fais point languir davantage, te dis-je,
& m'apprens cette nouvelle.

CLITIDAS.
Vous la voulez fçavoir, Madame?
ERIPHILE.
Oüy, dépefche. Qu'as-tu à me dire de Softra-
te?

CLITIDAS.
Une avanture merveilleufe, où perfonne ne
s'attendoit.
ERIPHILE.
Dy moy vifte ce que c'eft.

G 7

CLI-

CLITIDAS.

Cela ne troublera t'il point, Madame, vôtre sombre mélancolie?

ERIPHILE.

Ah! parle promptement.

CLITIDAS.

J'ay donc à vous dire, Madame, que la Princesse vôtre Mere passoit presque seule dans la Forest, par ces petites routes qui sont si agreables, lors qu'un Sanglier hideux, (ces vilains Sangliers-là font toûjours du desordre, & l'on devroit les bannir des Forests bien policées;) lors, dy-je, qu'un Sanglier hideux, poussé je croy par des Chasseurs, est venu traverser la route où nous estions. Je devrois vous faire peut-estre, pour orner mon recit, une description étenduë du Sanglier dont je parle, mais vous vous en passerez s'il vous plaist, & je me contenteray de vous dire que c'estoit un fort vilain animal. Il passoit son chemin, & il estoit bon de ne luy rien dire, & de ne point chercher de noise avec luy, mais la Princesse a voulu égayer sa dexterité, & de son dard qu'elle luy a lancé un peu mal à propos, ne luy en déplaise, luy a fait au dessus de l'oreille une assez petite blessure. Le Sanglier mal moriginé, s'est impertinemment détourné contre nous; nous estions là deux, ou trois miserables qui avons pâly de frayeur, chacun gagnoit son Arbre, & la Princesse sans défence demeuroit exposée à la furie de la beste, lors que Sostrate a paru, comme si les Dieux l'eussent envoyé.

ERIPHILE.

Hé, bien, Clitidas.

CLITIDAS.

Si mon recit vous ennuye, Madame, je remettray le reste à une autre fois.

ERIPHILE.

Acheve promptement,

CLI

C L I T I D A S.

Ma foy, c'est promptement de vray que j'a-
cheveray, car un peu de poltronnerie m'a empe-
sché de voir tout le détail de ce combat, & tout
ce que je puis vous dire, c'est que retournant sur
la place, nous avons veu le Sanglier mort, tout
veautré dans son sang, & la Princesse pleine de
joye, nommant Sostrate son liberateur, & l'é-
poux digne & fortuné que les Dieux luy marquo-
ient pour vous. A ces paroles j'ay creu que j'en
avois assez entendu, & je me suis hasté de vous
en venir, avant tous, apporter la nouvelle.

E R I P H I L E.

Ah! Clitidas, pouvois tu m'en donner une
qui me pust estre plus agreable?

C L I T I D A S.

Voilà qu'on vient vous trouver.

S C E N E II.

A R I S T I O N E, S O S T R A T E,
E R I P H I L E, C L I T I D A S.

A R I S T I O N E.

JE voy, ma Fille, que vous sçavez déja tout
ce que nous pourrions vous dire. Vous voyez
que les Dieux se sont expliquez bien plûtost que
nous n'eussions pensé; mon peril n'a gueres tardé
à nous marquer leurs volontez, & l'on connoist
assez que ce sont eux qui se sont meslez de ce choix,
puisque le merite tout seul brille dans cette preference. Aurez-vous quelque repugnance à recom-
penser de vôtre cœur, celuy à qui je dois la vie,
& refuserez-vous Sostrate pour époux?

E R I-

ERIPHILE.

Et de la main des Dieux, & de la vôtre, Madame, je ne puis rien recevoir qui ne me soit fort
agreable.

SOSTRATE.

Ciel! n'est-ce point icy quelque songe tout plein
de gloire, dont les Dieux me veuillent flater, &
quelque réveil mal-heureux ne me replongera t-il
point dans la bassesse de ma fortune?

SCENE III.

CLEONICE, ARISTIONE, SOSTRATE, ERIPHILE, CLITIDAS.

CLEONICE.

MAdame, je viens vous dire qu'Anaxarque a
jusqu'icy abusé l'un & l'autre Prince, par
l'esperance de ce choix qu'ils poursuivent depuis
long-temps, & qu'au bruit qui s'est répandu de
vôtre avanture, ils ont fait éclater tous deux leur
ressentiment contre luy, jusques-là, que de paroles en paroles, les choses se sont échauffées,
& il en a reçeu quelques blessures, dont on ne
sçait pas bien ce qui arrivera. Mais les voicy.

S C E N E   IV.

IPHICRATE, TIMOCLES, CLEONICE,
ARISTIONE, SOSTRATE,
ERIPHILE, CLITIDAS.

A R I S T I O N E.

PRinces, vous agiſſez tous deux avec une violence bien grande, & ſi Anaxarque a pû vous
offencer, j'eſtois pour vous en faire juſtice moy-
meſme.

I P H I C R A T E.

Et quelle juſtice, Madame, auriez-vous pû
nous faire de luy, ſi vous la faites ſi peu à nôtre
ſang, dans le choix que vous embraſſez?

A R I S T I O N E.

Ne vous eſtes vous pas ſoûmis l'un & l'autre,
à ce que pourroient décider, ou les ordres du Ciel,
ou l'inclination de ma Fille?

T I M O C L E S.

Oüy, Madame, nous nous ſommes ſoûmis à
ce qu'ils pourroient décider, entre le Prince Iphicrate & moy, mais non pas à nous voir rebutez
tous deux.

A R I S T I O N E.

Et ſi chacun de vous a bien pû ſe reſoudre à
ſouffrir une preference, que vous arrive t-il à
tous deux, où vous ne ſoyez preparez, & que
peut importer à l'un & à l'autre, les intereſts de
ſon Rival?

I P H I C R A T E.

Oüy, Madame, il importe, c'eſt quelque conſolation

folation de fe voir preferer un homme qui vous
eft égal, & vôtre aveuglement eft une chofe é-
pouventable.

ARISTIONE.

Prince, je ne veux pas me broüiller avec une
perfonne qui m'a fait tant de grace, que de me
dire des douceurs, & je vous prie avec toute
l'honnefteté qu'il m'eft poffible, de donner à vôtre chagrin un fondement plus raifonnable; de
vous fouvenir, s'il vous plaift, que Softrate eft
reveftu d'un merite, qui s'eft fait connôitre à
toute la Grece, & que le rang où le Ciel l'éleve
aujourd'huy, va remplir toute la diftance qui e-
ftoit entre luy & vous.

IPHICRATE.

Oüy, oüy, Madame, nous nous en fouvien-
drons, mais peut être auffi vous fouviendrez-
vous, que deux Princes outragez ne font pas
deux ennemis peu redoutables.

TIMOCLES.

Peut eftre, Madame, qu'on ne goûtera pas
long-temps la joye du mépris que l'on fait de nous.

ARISTIONE.

Je pardonne toutes ces menaces, aux chagrins
d'un amour qui fe croit offenfé, & nous n'en
verrons pas avec moins de tranquilité la Fefte des
jeux Pythiens. Allons y de ce pas, & couron-
nons par ce pompeux fpectacle, cette merveilleufe journée.

SIXIE'-

SIXIE'ME INTERMEDE,

qui est la solemnité des jeux Pythiens.

LE Theatre est une grande Salle en maniere d'Amphitheatre, ouvert d'une grande arcade, dans le fond, au dessus de laquelle est une Tribune fermée d'un rideau; & dans l'éloignement un Autel pour le Sacrifice. Six hommes habillez, comme s'ils estoient presques nuds, portant chacun une hâche sur l'epaule, comme Ministres du Sacrifice, entrent par le portique, au son des Violons, & sont suivis de deux Sacrificateurs Musiciens, d'une Prestresse Musicienne, & leur suite.

LA

LA PRESTRESSE.

Chantez, peuples, chantez en mille & mille
    lieux
Du Dieu que nous servons les brillantes merveilles,
    Parcourez la Terre & les Cieux.
Vous ne sçauriez chanter rien de plus precieux,
    Rien de plus doux pour les oreilles.

UNE GRECQUE.

A ce Dieu plein de force, à ce Dieu plein d'appas,
    Il n'est rien qui resiste.

AUTRE GRECQUE,

Il n'est rien icy bas
Qui par ses bien-faits ne subsiste.

AUTRE GRECQUE.

Toute la Terre est triste
Quand on ne le voit pas.

LE CHOEUR.

Toussons à sa Memoire
Des concerts si touchants,
Que du haut de sa gloire
Il écoute nos chants.

PREMIÈRE ENTRE'E DE BALLET.

LEs six hommes portant les haches, font entre-eux une dance ornée de toutes les attitudes que peuvent exprimer des gens qui étudient leur force, puis il se retirent aux deux côtez du Theatre pour faire place à six Voltigeurs.

DEUXIE'ME ENTRE'E DE BALLET.

SIx Voltigeurs font paroistre en cadence, leur adresse sur des chevaux de bois, qui sont appor-tez par des Esclaves.

TROISIE'ME ENTRE'E DE BALLET.

QUatre Conducteurs d'Esclaves amenent en ca-dence douze Esclaves qui dansent, en marquant la joye qu'ils ont. d'avoir recouvré leur liberté.

QUATRIE'ME ENTRE'E DE BALLET.

QUatre hommes, & quatre femmes armez à la Grecque, font ensemble une maniere de jeu pour les armes.

La Tribune s'ouvre, un Heraut, six Trompettes & un Timballier se meslant à tous les instrumens, annonce avec un grand bruit la venuë d'Appollon.

L E

LE CHOEUR.

Ouvrons tous nos yeux
A l'éclat suprême
Qui brille en ces lieux.

Quelle grace extrême!
Quel port glorieux!
Où voit-on des Dieux
Qui soient faits de mesme!

Appollon au bruit des Trompettes & des Violons entre par le Portique, precedé de six jeunes gens, qui portent des Lauriers entre-laffez autour d'un bâton, & un Soleil d'or au deffus avec la devife Royale en maniere de trophée. Les fix jeunes gens, pour dancer avec Apollon, donnent leur trophée à tenir aux fix hommes qui portent les haches, & commencent avec Apollon une dance heroïque, à laquelle se joignent en diverfes manieres les fix hommes portant les trophées, les quatre femmes armées avec leurs timbres, & les quatre hommes armez avec leurs tambours, tandis que les fix Trompettes, le Timballier, les Sacrificateurs, la Preftreffe & le Chœur de Mufique accompagnent tout cela en s'y meflant par diverfes reprifes; ce qui finit la Fefte des jeux Pythiens, & tout le divertiffement.

CIN-

CINQUIE'ME & DERNIERE ENTRE'E
de Ballet.

APOLLON, *& six jeunes gens de sa suite.*

Chœur de Musique.

Pour LE ROY, Representant le SOLEIL.

JE suis la source des Clartez,
Et les Astres les plus vantez.
Dont le beau Cercle m'environne,
Ne sont brillans & respectez
Que par l'éclat que je leur donne.

Du char où je me puis asseoir
Je voy le desir de me voir
Posseder la Nature entiere,
Et le Monde n'a son espoir
Qu'aux seuls bienfaits de ma lumiere.

Bien heureuses de toutes parts
Et pleines d'exquises richesses
Les Terres, où de mes regards
J'arreste les douces caresses.

POUR MONSIEUR LE GRAND,
Suivant d'APOLLON.

Bien qu'auprés du Soleil tout autre éclat s'efface
S'en éloigner pourtant n'est pas ce que l'on veut,
Et vous voyez bien quoy qu'il fasse
Que l'on s'en tient toujours le plus prés que l'on peut.

POUR

POUR LE MARQUIS DE VILLEROY,
Suivant d'APOLLON.

De nôtre Maiſtre incomparable
Vous me voyez inſeparable,
Et le zele puiſſant qui m'attache à ſes vœux
Le ſuit parmy les eaux, le ſuit parmy les feux.

POUR LE MARQUIS DE RASSENT,
Suivant d'APOLLON.

Je ne ſeray pas vain quand je ne croiray pas
Qu'un autre mieux que moy ſuive par tout ſes pas.

FIN.